Guillabert

COUP-D'OEUIL

SUR

L'ÉPIDÉMIE DE 1849.

COUP-D'ŒIL

SUR

L'ÉPIDÉMIE DE 1849

DANS LE

Département de Seine-et-Oise,

PAR Aug. GUILLABERT,

de Saint-Tropez (Var).

Délégué du Gouvernement.

PARIS,

IMPRIMERIE LACOUR ET COMPe,

Rue Saint-Hyacinthe-St-Michel, 33, et Soufflot, 11.

1849.

Au moment où Paris était désolé par le terrible fléau de l'épidémie, l'autorité supérieure s'efforça par tous les moyens possibles d'en prévenir, d'en arrêter ou d'en amoindrir les funestes ravages. Dans cette situation périlleuse qui répandait le deuil dans presque toutes les maisons de la capitale, à coup sûr dans toutes les rues, où la vie de chaque habitant était en question comme sur un champ de bataille, elle prit les mesures les plus promptes et les plus efficaces. Reconnaissant bientôt, grâce aux envahissements terribles du mal, que les secours ordinaires de l'art étaient insuffisants, au point de vue matériel, elle

se hâta de créer dans chaque arrondissement et dans les quartiers les plus popu-
leux, des ambulances où furent appelés
les jeunes étudiants en médecine que la
nature de leurs études rendait déjà pro-
pres à être de quelque utilité : dire l'empressement avec lequel ils s'y rendirent
de toutes parts, l'exactitude, le tact, le zèle
dont ils firent preuve dans ces fonctions
parfois si pénibles, ce serait raconter une
chose que chacun connaît et qu'il a été à
même d'apprécier. A l'exemple de ces
braves camarades, j'allai offrir mes ser-
vices à la Faculté de médecine qui m'en-
voya dans la rue Saint-Victor. On sait
que de tous les quartiers de Paris, c'est
celui qui eut le plus à souffrir. J'y fis un
dur apprentissage. Bientôt on apprit que
le choléra avait débordé la capitale pour
se répandre dans les environs qu'il avait
envahis dans un rayon de vingt à vingt-
cinq lieues et plus ; le mal empirait chaque jour, il faisait des progrès désastreux,
il fallait nécessairement aviser à faire pour
la campagne ce qui avait si bien réussi à
la ville. C'est dans cette circonstance que,
désigné par M. le doyen de la Faculté de
médecine au ministre de l'agriculture et
du commerce je partis, le 15 juin pour Pon-

toise (Seine-et-Oise) avec une lettre qui
m'accréditait auprès de M. le sous-préfet.
Un chef-lieu d'arrondissement est une
petite capitale où l'on trouve réunies toutes les ressources des communes environ-
nantes ; on s'y procurait donc facilement
des consultations, des visites, des médicaments : d'ailleurs l'épidémie n'avait jeté
qu'un premier feu et la population était
déjà plus tranquille ; enfin on me dit *très
courtoisement* que ma présence n'était pas
indispensable et je fus dirigé sur Gourdi-
manche et Menucourt, deux villages qui
étaient plus que décimés. Ma circonscription bornée à ces deux communes s'agran-
dit encore de celle de Neuville-et-Eragny,
dont le conseil de salubrité de l'arrondissement avait éloigné M. Auger, mon
collègue.

Je l'ai déjà dit, je ne vis point les com-
mencements de l'épidémie. A mon arrivée,
elle y avait fait de nombreuses victimes ;
cependant, depuis quelques jours, il s'était
manifesté une sérieuse recrudescence qui
jetait l'épouvante dans le pays. Pour qui-
conque a vu de près les habitants des campagnes dans cette saison de l'année, la
désolation de ces pauvres gens était na-
vrante : au lieu de cette gaité naïve, de ces

chants, de ces cris joyeux dont ils charment leurs travaux pendant la pleine chaleur, l'abattement profond qui leur serrait le cœur venait rider leur front et glacer leurs regards.

· Je n'ai pas à traiter du choléra dans toute l'étendue de ce département qui a tant souffert; il ne me sied pas davantage de parler des localités que je n'ai point visitées; je ne veux point sortir de ma circonscription restreinte aux communes que je viens d'indiquer. Là, je fus le témoin de toutes leurs souffrances, et mes souvenirs d'hier ne sauraient me tromper.

Faut-il entrer dans des détails connus de tout le monde? Les caractères du choléra étant partout identiques, le traitement à suivre ne différait point de celui que j'avais vu suivre à Paris et auquel je devais moi-même quelques succès. Je ne parlerai donc pas des signes auxquels il est si facile de reconnaître cette redoutable maladie, tels que la diarrhée, les vomissements, les maux de cœur, les crampes, un refroidissement marqué; des douleurs abdominales, la diminution puis la suppression complète de la secrétion urinaire, la respiration pénible et oppréssée, le pouls de plus en plus faible, petit, filiforme, des teintes bleuâtres sur toutes les parties du corps, la peau froide, flétrie, sans élasticité, le front ridé, les joues creuses, les yeux enfoncés dans l'orbite et entourés d'un cercle noir, etc., etc.; mes soins aidés de ceux de M. Lemaire, médecin à Vauréal, parvenaient souvent à amener la complète guérison; puis, dans le cours de la convalescence, survenait une fièvre typhoïde qui enlevait quelquefois le malade. (Cas remarqué à Menucourt.)

Ce qui désole, ce qui saisit tristement dans nos campagnes, c'est le dénuement absolu, l'extrême difficulté où l'on est de se procurer les choses de première nécessité en fait de traitement, les médicaments les plus indispensables; la négligence en ce point n'est malheureusement pas nouvelle, et j'ai lieu de m'étonner que les auteurs, qui en sont toujours les premières victimes, ne puissent acquérir une prévoyance d'une si grande utilité.

Menucourt et Courdimanche, situés à trois kilomètres de distance, n'ont pas été atteints dans une égale proportion; la première de ces communes, de 350 habitants, n'a pas eu moins de 150 cas en réunissant les attaques du choléra tel que nous l'avons défini, de la cholérine et de la suette. Ce village, situé entre une colline assez élevée et un marais fétide qui baigne les dernières habitations, doit peut-être à cette position défavorable la violence et le nombre de attaques dont il fut la malheureuse victime pendant près de deux mois. Il y eut peu de cas foudroyants.

S'il était possible d'assigner des causes à ce cruel fléau dont l'origine et le principe sont impénétrables, selon l'expression de M. le professeur Tardieu, cette influence de position malsaine ne serait pas une des moins considérables ; mais toutes mes observations personnelles reçoivent en ceci de l'expérience un démenti formel contre lequel je ne chercherai pas à lutter, puisque dans toutes les contrées où l'invasion s'est fait sentir, souvent les lieux les plus salubres, c'est-à-dire suffisamment élevés, réunissant toutes les conditions d'espace, d'aération, de propreté, ont été beaucoup plus maltraités que les endroits où se rencontraient les circonstances opposées. Cependaut, il m'est impossible de ne compter pour rien la manière de vivre, par exemple, et le régime alimentaire en particulier qui a séparé en deux catégories distinctes la population de ce petit pays.. La classe aisée, en effet; a été constamment à l'abri de toute attaque; aucun cas parmi ceux qu'on appelle les gens riches de l'endroit, qui ont une nourriture saine, abondante, de digestion facile, enfin dont le bien-être physique et moral est opposé aux souffrances de la pauvreté. Mais cette population misérable encombrée dans des logements sales et resserrés, dans des chaumières, espèces de caves où pénètrent tour à tour l'extrême froid, l'extrême chaud et l'humidité de toutes les saisons, qu'un travail exténuant courbe sans cesse vers la terre, sans repos ni trève, qui boit pendant la chaleur une eau fade et malsaine, comment voulez-vous qu'elle ne soit pas envahie aussitôt? Ces malheureux sont en quelque sorte sous le coup de toutes les pestes et de toutes les épidémies,

Je viens de parler de l'eau fade et malsaine que boivent les habitants de ce pays; j'en veux dire encore quelques mots. Le tableau un peu sombre que je viens de tracer n'aura rien de surprenant quand j'aurai ajouté que de toute cette population dix familles à peine boivent du vin ou du cidre; le reste ne boit que d'une eau très fade et épaisse à laquelle ils attribuent la plupart de leurs maladies.

Je ne serais pas éloigné de partager leur opinion à ce sujet : ainsi, ils n'ont pas atteint l'âge de vingt ans qu'ils ont déjà perdu la plus grande partie de leurs dents ; les incisives surtout se maintiennent rarement après cet âge chez l'homme comme chez la femme, chose surprenante dont j'ai vainement cherché la cause ailleurs que dans la qualité de cette eau. Courdimanche, dont la position est dans de meilleures conditions, puisqu'il est situé sur le haut d'une colline, n'est pas exempt de cette singularité ; il est vrai que l'eau est la même, ce qui tendrait à confirmer l'idée que se forment là-dessus tous les gens du pays. Du reste, les cas furent bien moins violents et surtout bien moins nombreux là qu'à Menucourt, soit qu'il le doive à la position élevée de la colline sur laquelle on le dirait suspendu, soit qu'il faille l'attribuer à l'un de ces nombreux caprices de l'épidémie, que les praticiens de tous les pays ont enregistré dans les annales de la médecine. La preuve de cette asssertion ne se fera pas attendre, car Boisimont, autre commune située entre Courdimanche et Menucourt, n'a pas eu le moindre cas de choléra, alors même qu'il sévissait à droite et à gauche avec une telle fureur.

Le bas du village de Courdimanche, moins élevé que le reste, et qu'on appelle le faubourg, se compose de six chaumières ; dix cas de choléra. J'ai remarqué en cet endroit un fait qu'à mon retour à Paris j'ai été heureux de communiquer à l'Académie, parce que, à mon avis, il milite fortement en faveur de l'opinion des Contagionnistes, et sera peut-être de nature à jeter quelque jour sur une question aussi difficile.

Le voici tel que je l'ai exposé dans ma lettre à M. le président :

Dans une maison de cette commune, sorte de hutte ouverte à tous les vents, vivait une famille composée de six personnes, dont cinq furent *successivement* atteintes. Les trois premières résistèrent à l'attaque. Il s'écoula un intervalle de quelques jours, au bout desquels la quatrième fut atteinte de la même manière : c'était un enfant. Il parcourut tous les symptômes de la période algide, puis tous les secours furent impuissants. Il succomba. A peine la fosse se refermait-elle sur lui que la mère fut prise de la même ma-

nière, des mêmes douleurs, et ne tarda
pas à le suivre au tombeau. La sixième
personne seule ne fut pas atteinte. Que
dire de cet événement ? Voilà le fait dont
j'ai été témoin, que j'ai commenté en
mille manières, et dont je ne puis trouver l'explication qu'en admettant l'idée
de la contagion. Effectivement, s'il fallait remonter plus haut et chercher
les habitudes pour trouver un principe
dans le régime et le genre de travaux,
rien ne s'oppose à ce qu'on applique
ce système à toutes les familles de paysans
dont tous les membres sont logés, nour-
ris, occupés de la même façon. Je ne
chercherai pas davantage une solution au-
dessus de mes forces. En transmettant le
fait à l'Académie, j'ai apporté comme tant
d'autres le tribut d'une observation que
je ne crois pas dénuée d'intérêt. C'est en
réunissant en un seul faisceau tous ces
petits rameaux découverts par l'intelli-
gence en travail, d'autres fois, simple fruit
du hasard, que les savants, nos maîtres,
parviendront à former le corps de la
science et à faire le jour dans cette obscu-
rité du choléra épidémique.

Voilà donc un pays qui a été maltraité
entre tous ; maintenant, si nous jetons un

coup d'œil sur sa configuration géogra-
phique, nous voyons une campagne or-
née de toutes les richesses dont la nature,
aidée de l'art agricole, peut s'embellir ;
des prés coupés en tous sens par mille
petits canaux, touffus, d'une qualité qu'il
puise dans la fertilité du sol, des prairies
artificielles en plein rapport, des moissons
abondantes, quelques bouquets de bois,
des fruits de toutes les saisons ; tous ces
produits, dont la qualité n'est nullement
inférieure à ceux des années précédentes,
attestent au moins que la nature du terri-
toire n'a reçu aucune influence intérieure ;
bien plus, que l'état de l'atmosphère n'a
point subi d'altération subite.

Je ne terminerai pas sans adresser de
vifs remercîments à l'honorable M. Xavier
Hamot, propriétaire et maire de Courdimanche, pour l'intérêt qu'il a bien voulu
me porter et l'affection dont il m'a entouré
pendant tout le temps de mes fonctions.
Ses concitoyens n'oublieront jamais le
zèle intelligent qu'il déploya pour allé-
ger de tout son pouvoir les désastres du
fléau.

M. Isidore Hamot de Ménucourt et son
père ont acquis à ma reconnaissance des
droits sacrés dont je voudrais leur faire

agréer la sincère expression ; que ces hommes de bien, dont la modestie égale le mérite, me pardonrent de publier les bienfaits qu'ils ont l'habitude de tenir cachés.

Enfin, je croirais manquer à mes devoirs, si je ne remerciais en mon nom et en celui des malheureuses familles auxquelles j'ai donné des soins, M. Lefèvre, pour l'empressement avec lequel il me faisait parvenir tous les médicaments dont j'avais besoin.

Paris, le 10 août 1849.

Aug. Guillabert.

J'ai entre les mains, comme pièces justificatives, les certificats des maires des trois communes, Menucourt, Courdimanche, Neuville-et-Éragny, auxquelles j'ai donné des soins, attestant, dans des termes trop flatteurs sans doute le zèle et le dévouement que j'aurais désirés, pour mon compte, mille fois plus efficaces. Ces certificats, donnés par d'honorables magistrats, me font trop d'honneur pour que je les passe entièrement sous silence. Je prends au hasard celui de M. le maire de Menucourt, auquel du reste se trouve joint celui de MM. les membres du conseil

de salubrité de l'arrondissement. Il est
conçu en ces termes :

« Nous, maire de la commune de Menucourt, canton et arrondissement de Pontoise (Seine-et-Oise), certifions, au nom
de tous les habitants, que M. Auguste
Guillabert, étudiant en médecine, né à
Saint-Tropez (Var), délégué par M. le ministre de l'agriculture et du commerce
pour donner des soins gratis aux choléri-
ques et aux malades atteints de la suette,
s'est acquitté de sa mission avec beaucoup
de zèle et de dévouement.

« Il est de notoriété publique que ce
jeune médecin, pendant plus d'un mois
que l'épidémie a exercé dans cette commune ses plus grands ravages, s'est exposé à tous les dangers pour donner les
soins les plus empressés à ceux qu'attei-
gnait le fléau. Nuit et jour sur pieds, son
courage était à toute épreuve.

« C'est pour lui marquer notre reconnaissance, notre estime, et rendre hom-
mage à son mérite que nous nous sommes
plu à lui délivrer le présent, pour lui ser-
vir au besoin.

« Fait à la mairie de Menucourt, le
20 juillet 1849.

« *Le maire,*   « MAITRE. »

« Le conseil de salubrité de l'arrondissement de Pontoise certifie que M. Guillabert (Auguste), de Saint-Tropez (Var), a déployé dans les communes de Courdimanche et de Menucourt (canton de Pontoise) un grand, zèle pour le traitement des malades atteints de la suette et du choléra, pendant plus d'un mois que l'épidémie a régné dans ces deux communes.

« Pontoise, le 23 juillet 1849.

« *Le sous-préfet de Pontoise, président du conseil de salubrité,*

« E. Salvador.

« *Le vice-président,*

« Peydon.

« *Les membres.*

« David, Vigier, Lefèvre, Lemit, Borel, Dubun de Peyrelongue, Alinot. »